C'est à moi 3 bleu

Teresa Huntley & Nathalie Lawrence

Commissioning Editor
Teresa Adams

Editor
Nicola Lusby

Design
Antony Dickens • Sara Hemp • Pam McHale • Katie Pett

Illustrations
Lynda Murray • James Walmesley • Simon Walmesley

LCP • Hampton House • Longfield Road
Leamington Spa • Warwickshire • CV31 1XB

tel: 01926 886914 **fax:** 01926 887136

e-mail: mail@LCP.co.uk **website:** www.LCP.co.uk

First published 2004

ISBN 1 904178 39 1

Acknowledgements

The authors and publisher would like to thank Eileen Halborg for her valuable contribution to this publication.

C'est à moi 3 bleu

Introduction

Contents

Introduction

C'est à moi 3 Bleu is aimed at pupils in the third year of learning French (Key Stage 3/S3 in Scotland).

The pack comprises 33 fully photocopiable activity sheets which are ideal to be set as homework. The sheets are designed to build on work done in class, thus revising and consolidating vocabulary and grammar in familiar contexts. T

he contents page lists the language/grammar covered on each activity sheet and National Curriculum levels. *C'est à moi 3 Bleu* covers National Curriculum levels 3–6+. The contents page also indicates where activity sheets could be used to support the teaching of the Key Stage 3 MFL Framework objectives.

With more than enough material for one homework per week throughout the school year, these sheets also lend themselves to cover lessons and end-of-lesson fillers.

Teacher's notes, answers and extension suggestions are provided on sheets i–x.

Nom: Classe:

Un cours d'aérobic

mettre ➡ *mets* (*tu* form)
➡ *mettez* (*vous* form)

Activité 1

Unjumble the sentences and then match them with the pictures below.

a) *les bras. Lève* Lève les bras. EXEMPLE [4]

b) *la Agite droite. main* ____ [ ]

c) *la le nez main Touche droite. avec* ____ [ ]

d) *la Plie gauche. jambe* ____ [ ]

e) *tête. Baisse la* ____ [ ]

f) *Mets tête. le bras derrière gauche la* ____ [ ]

lever ↑

baisser ↓

agiter

plier

mettre = to put

1.

2.

3.

4.

5.

6.

Activité 2

Rewrite the sentences in the *vous* form.

a) Levez les bras. EXEMPLE

Activité 3

Boîte à outils

droit(e)

gauche

du milieu

une/deux/trois fois

Help the monster to exercise! Write down instructions to make an aerobics routine.

You should use all his arms, legs, fingers and heads!

EXEMPLE

Levez la main du milieu trois fois.

Nom: Classe:

Aïe, j'ai mal!

Activité 1

Complete the sentences with *à la/au/aux/à l'.* Then draw a line between the sentences and the correct part of the body.

EXEMPLE
a) *J'ai mal* à la *main.*
b) *J'ai mal* ______ *pieds.*
c) *J'ai mal* ______ *tête.*
d) *J'ai mal* ______ *bras.*
e) *J'ai mal* ______ *doigts.*
f) *J'ai mal* ______ *oreille.*
g) *J'ai mal* ______ *cou.*

Activité 2

Write the reply to each instruction, using the pictures as prompts.

EXEMPLE *Lève la tête!*  Non, je ne peux pas, j'ai mal à la gorge!

a) *Lève les bras! Non* ______ . 

b) *Agite la main droite! Non,* ______ . 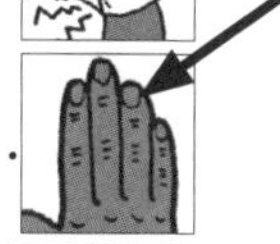

c) *Touche le nez avec le bras droit!* ______ . 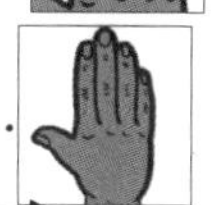

d) *Plie la jambe gauche!* ______ . 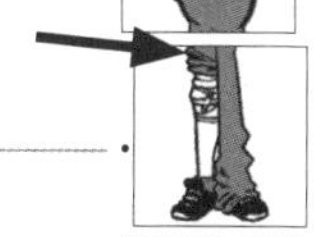

e) *Baisse la tête!* ______ . 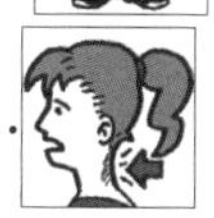

Activité 3

'Translate' what the monster is saying.
Use the phrases in **Activité 2** to help you.

EXEMPLE φε νε πευξ πασ λεϖερ ***(la tête)*** φαι μαλ α λα ***(gorge)***
Je ne peux pas lever la tête, j'ai mal à la gorge.

a) φε νε πευξ πασ τουχηερ ***(l'épaule)*** φαι μαλ αυ ***(dos)***

______

b) φε νε πευξ πασ λεϖερ ***(le bras)*** φαι μαλ αυ ***(coude)***

______

c) φε νε πευξ πασ αγιτερ ***(le doigt)*** φαι μαλ α λα ***(main)***

______

d) φε νε πευξ πασ λεϖερ ***(le pied)*** φαι μαλ α λα ***(jambe)***

______

Page d'activités 2

Nom: Classe:

Chez le docteur

Activité 1

Match the sentences to the pictures.

1.

2.

3.

4.

5.

6.

7.

8.

EXEMPLE

a) *J'ai faim!* 6

b) *Nous avons froid.* ☐

c) *Elle a chaud.* ☐

d) *Il a peur.* ☐

e) *Vous avez besoin d'aide?* ☐

f) *Elles sont malades.* ☐

g) *Tu es fatigué?* ☐

h) *J'ai soif.* ☐

Activité 2

Copy the phrases from **Activité 1** into the correct column.

être	avoir
	EXEMPLE avoir faim

Activité 3

Complete these sentences with a suitable piece of advice.

EXEMPLE *Si tu as froid,* il faut mettre un pull.

a) *Si tu es malade,* ______

b) *Si tu as peur,* ______

c) *Si tu as faim,* ______

d) *Si tu as chaud,* ______

e) *Si tu as soif,* ______

f) *Si tu es fatigué,* ______

g) *Si tu as besoin d'aide à l'école,* ______

h) *Si tu as besoin d'aide en vacances,* ______

i) *Si tu as besoin d'aide à la piscine,* ______

j) *Si tu as besoin d'aide sur la route,* ______

Nom: Classe:

Soyez prudent!

l'ombre (f) = shade
en été (m) = in summer
la protection solaire = sun cream
l'enfant (m/f) = child
sans = without
longtemps = for a long time

Garder les médicaments longtemps. ☐

Boire de l'eau et des jus de fruits en été. ☐

Utiliser un médicament recommandé par un ami. ☐

Exposer les enfants au soleil sans chapeau. ☐

Demander une explication à un docteur. ☐

Rester à l'ombre en été. ☐

Mettre une protection solaire en été. ☐

Recycler les vieux médicaments. ☐

S'exposer au soleil quand il fait très chaud. ☐

Boire de l'alcool avec des médicaments. ☐

Vérifier les dates sur les médicaments. ☐

Donner un médicament d'adulte à un enfant. ☐

Activité 1

Are the suggestions above good or bad advice? Tick (✓) the good pieces of advice and put a cross (✕) next to the bad pieces of advice.

Activité 2

Now change the bad advice into good advice.

EXEMPLE Utiliser un médicament recommandé par un ami. ➡ N'utilise pas un médicament recommandé par un ami.

Activité 3

Read the phrases again. Find another way of saying the following expressions.

a) *consommer* = EXEMPLE utiliser

b) *conserver* =

c) *crème solaire* =

d) *bronzer* =

e) *consulter* =

f) *regarder la date* =

g) *antibiotiques* =

Activité 4

On the back of this sheet, write a paragraph with the heading: *Les conseils du pharmacien.*
For each piece of advice, explain why it is a good idea.

Nom: Classe:

En forme!

Activité 1

Complete the following sentences with either *plus de/d'* or *moins de/d'*.

> *plus de /d'=* >
> *moins de/d'* = <

EXEMPLE *Pour être en forme, elle va faire* plus de *sport.*

a) *Pour être en forme, elle va manger* ______________ *bonbons et de chocolat.*

b) *Pour être en forme, elle va boire* ______________ *eau.*

c) *Pour être en forme, elle va consommer* ______________ *calcium.*

d) *Pour être en forme, elle va prendre* ______________ *céréales.*

e) *Pour être en forme, elle va marcher* ______________ *une heure par jour.*

f) *Pour être en forme, elle va faire* ______________ *vélo.*

g) *Pour être en forme, elle va fumer* ______________ *cigarettes.*

h) *Pour être en forme, elle va utiliser* ______________ *beurre et d'huile.*

i) *Pour être en forme, elle va cuisiner* ______________ *poisson.*

Activité 2

Read the statements below. Tick those you think are correct. Check your answers with a partner.

a) *Les fruits contiennent du sucre.* ☐

b) *Le petit-déjeuner est très important.* ☐

c) *Le lait contient plus de calcium que le fromage.* ☐

d) *Le chocolat est un stimulant.* ☐

e) *Les céréales donnent de l'énergie.* ☐

f) *Le vin rouge est dangereux pour la santé.* ☐

g) *Le miel contient des vitamines.* ☐

h) *Le beurre a moins de calories que la crème.* ☐

Activité 3

With the help of the sentences in **Activités 1** and **2**, write your own sentences comparing different food items.

EXEMPLE Le vin rouge est plus dangereux pour la santé que le lait.

____

____

____

____

____

____

____

Nom: Classe:

Tu es détective

Activité 1

Look carefully at the picture. Tick the correct sentences that go with the picture.

a) 1. *Cette personne est probablement un homme. Regarde le maillot de bain!* ☐
2. *Cette personne est probablement une femme. Regarde le maillot de bain!* ☐

b) 1. *Il aime le sport parce qu'il a un magazine de sport.* ☐
2. *Il aime la mode parce qu'il a un magazine de mode.* ☐

c) 1. *Il a un vélo: un VTT.* ☐
2. *Il a une voiture: une Citroën.* ☐

d) 1. *Il aime jouer au rugby.* ☐
2. *Il aime faire de la natation.* ☐

e) 1. *Il a un chien, peut-être.* ☐
2. *Il a un chat, peut-être.* ☐

f) 1. *À mon avis, il aime manger des bonbons.* ☐
2. *À mon avis, il aime manger des chips.* ☐

g) 1. *Il aime boire du coca, peut-être.* ☐
2. *Il aime boire de l'eau minérale.* ☐

Activité 2

Look at this picture. What do the clues tell you about this person? Write a paragraph about this person. Use *aussi, mais, et,* etc.

Page d'activités 6

Nom: Classe:

Un questionnaire sur les ados

Activité 1

Read these statements about young people. Tick those you think your parents would agree with.

a) *Le week-end ils ne se lèvent pas avant midi.* ☐
b) *Ils ne rangent jamais leur chambre.* ☐
c) *Ils se disputent avec leurs frères et sœurs.* ☐
d) *Ils ne respectent pas la discipline.* ☐
e) *Ils ne s'intéressent pas à l'école.* ☐
f) *À la maison, ils ne veulent jamais parler.* ☐
g) *Ils écoutent de la musique affreuse.* ☐
h) *Ils refusent de sortir en famille au restaurant ou en vacances.* ☐
i) *Ils n'aiment pas dire «s'il vous plaît» et «merci».* ☐
j) *Ils ne sont jamais contents!* ☐

A Si tes parents sont d'accord avec 1 à 3 de ces expressions, tu t'entends bien avec eux.
B Si tes parents sont d'accord avec 3 à 6 de ces expressions, tu es un ado typique.
C Si tes parents sont d'accord avec 6 à 9 de ces expressions, tu ne t'entends pas bien avec eux. Pour toi, être ado c'est difficile.

Activité 2

And what about parents? Tick the statements you agree with.

a) *Ils ne m'écoutent pas.* ☐
b) *Ils n'aiment pas mes amis et ma musique.* ☐
c) *Mes parents sont vieux et ils ne me comprennent pas.* ☐
d) *Ils ne veulent pas que je sorte tard le soir.* ☐
e) *Ils ne sont jamais contents.* ☐
f) *Ils parlent toujours de l'école et de mes examens.* ☐
g) *Ils pensent que mes vêtements sont affreux.* ☐
h) *Ils disent que les cigarettes et l'alcool sont des drogues.* ☐
i) *Ils me traitent comme un enfant.* ☐

A Si tu es d'accord avec 1 à 3 de ces expressions, tu t'entends bien avec tes parents.
B Si tu es d'accord avec 3 à 6 de ces expressions, tu es un ado typique.
C Si tu es d'accord avec 6 à 9 de ces expressions, tu ne t'entends pas bien avec tes parents. Pour toi, être ado c'est difficile.

Activité 3

A Write a paragraph about your parents/guardians. What are they like? What is their attitude towards young people?
B Write a paragraph about yourself.

EXEMPLE Moi, je range parfois ma chambre et je me dispute quelquefois avec mon frère.

Nom: Classe:

Ma famille

Activité 1

Fill in the missing parts of the verbs. How many can you complete in three minutes?

	Les infinitifs								
	devoir	**faire**	**aller**	**être**	**vouloir**	**boire**	**pouvoir**	**vendre**	**prendre**
EXEMPLE **je**	dois								
tu									
il/elle/on									

Activité 2

Complete these sentences with the correct form of the verb.

EXEMPLE

a) *Ma mère* ___va___ *(aller) souvent faire les courses au supermarché, moi je n'y* ______________ *(aller) jamais, je déteste ça!*

b) *Après l'école, je* ______________ *(aller) à la maison, je* ______________ *(boire) un coca, je* ______________ *(prendre) mon sac et je* ______________ *(faire) mes devoirs.*

c) *Ma sœur, elle* ______________ *(prendre) souvent son sac de sport à l'école car elle* ______________ *(faire) de la natation à midi.*

d) *Mon frère* ______________ *(vouloir) apprendre le langage informatique parce qu'il* ______________ *(devoir) le connaître pour travailler comme programmateur.*

e) *Je* ______________ *(être) vendeur dans un magasin de vêtements et je* ______________ *(vendre) beaucoup de survêtements de marque pour les ados.*

f) *En France on* ______________ *(boire) du vin rouge et on* ______________ *(faire) la fête très souvent.*

Activité 3

Adapt the text above to describe your family and some British customs.

____

____

____

____

____

____

____

____

____

Nom: Classe:

Une visite à Paris

Activité 1

Read the following sentences. Number them in the correct order to make a story.

EXEMPLE

a) *Samedi, il a voyagé en avion, avec sa classe et son professeur, de Manchester à Paris.* 1

b) *Il a passé sa première journée, dimanche, avec sa famille d'accueil.*

c) *Il a beaucoup aimé l'échange et il veut revenir à Paris passer des vacances avec sa famille.*

d) *Pendant la semaine, il a pris le bus tous les matins pour aller au collège Louis Pasteur.*

e) *Dimanche après-midi, il a visité les principaux monuments de Paris avec les Lafleur.*

f) *Il a mangé des croissants tous les matins!*

g) *Il a attendu trois heures à l'aéroport de Manchester.*

h) *Il a rencontré sa famille d'accueil: les Lafleur.*

i) *Tous les après-midi, il a participé à des activités avec sa classe et son professeur.*

j) *Il a pris le métro, avec sa classe et son professeur, pour aller au centre de Paris.*

Activité 2

Underline the verbs in the past tense in each of the sentences in **Activité 1**.

Activité 3

Rewrite the story using *je*. Change some of the details.

Rappel!

Improve the quality of your writing by using time markers, e.g.:

hier = yesterday

avant-hier = the day before yesterday

la semaine dernière = last week

le week-end dernier = last weekend

Nom: Classe:

L'histoire de Mr Van der Stamp

Activité 1

Complete the sentences with the past participle of the verb given in brackets.

EXEMPLE

a) *Il est* mort *à York. (mourir)*

b) *Il est* ________ *en avion. (arriver)*

c) *Il est* ________ *à l'hôtel. (retourner)*

d) *Il est* ________ *dans la rue. (tomber)*

e) *Il est* ________ *dans un hôtel à York. (rester)*

f) *Il est* ________ *de l'hôtel. (partir)*

g) *Il est* ________ *dans le pub. (entrer)*

h) *Il est* ________ *dans sa chambre. (monter)*

i) *Il est* ________ *à Paris. (naître)*

j) *Il est* ________ *du pub. (sortir)*

k) *Il est* ________ *en Angleterre. (venir)*

l) *Il est* ________ *de sa chambre. (descendre)*

m) *Il est* ________ *en vacances à York. (aller)*

Activité 2

Match each of the sentences in **Activité 1** to the correct picture.

1. 

i

2.  ☐

3.  ☐

4. 

☐

5. 

☐

6.  ☐

7.  ☐

8. 

☐

9.  ☐

10.  ☐

11. 

☐

12.  ☐

13.  ☐

Activité 3

Write another story about an imaginary female character.

____

____

____

____

____

____

____

____

Nom: Classe:

Voyage dans le temps

Rappel!

The past tense is made up of three parts:
pronoun + auxiliary verb *être* or *avoir* + past participle.

EXEMPLE *je suis allé* (I have gone)
j'ai mangé (I have eaten)

Be careful! Only 13 verbs use the auxiliary verb *être*. With these you need to add an extra 'e' to the past participle if talking about a woman, and an extra 's' or 'es' if talking about a group of people.

EXEMPLE *elle est sorti**e***
*ils sont parti**s***
*elles sont parti**es***

Activité 1

Underline all the examples of the past tense in the following story. Use a red pen for verbs using *être* and a blue pen for verbs using *avoir*.

Hier matin je me suis réveillé très tôt, à 6 heures. Je me suis levé et, quand j'ai regardé par la fenêtre, j'ai vu une soucoupe volante dans mon jardin.
Je me suis douché, je me suis habillé, je n'ai pas pris mon petit-déjeuner, et je suis sorti de la maison.
J'ai marché très doucement et je me suis approché de la soucoupe. Je suis entré dans la soucoupe. J'ai regardé mais elle était vide.
J'ai décidé de visiter la cabine de pilotage. Elle était vide mais il y avait des instructions, en plusieurs langues, pour la faire fonctionner. J'ai appuyé sur le bouton «marche» et la soucoupe s'est envolée…

Activité 2

Number the pictures according to the story.

a)  ☐
b)  ☐
c)  ☐
d)  ☐
e)  ☐
f)  ☐

Activité 3

Now number the sentences to summarise what happened.

- **a)** *Il a pris une douche.* ☐
- **b)** *Il est allé dans le jardin.* ☐
- **c)** *Il a vu une soucoupe volante, par la fenêtre, dans son jardin.* ☐
- **d)** *Il n'a pas mangé; il n'avait pas faim.* ☐
- **e)** *Il a décidé d'entrer dans la soucoupe.* ☐
- **f)** *Il a touché un bouton et la soucoupe a fonctionné.* ☐
- **g)** *Il s'est réveillé.* ☐

Activité 4

On the back of this sheet, write your own ending to the story.

Nom: Classe:

Loft Story

Activité 1

Match up the pictures and the verbs.

a)  b)  c)  d) 

e)  f)  g)  h) 

i) 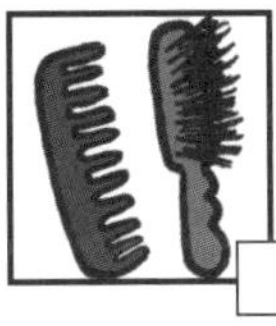 j)  k)  l) 

1. *se coucher*
2. *manger*
3. *prendre le petit-déjeuner*
4. *se brosser les cheveux*
5. *se réveiller*
6. *se maquiller*
7. *se raser*
8. *se doucher*
9. *se brosser les dents*
10. *se lever*
11. *s'habiller*
12. *boire*

Activité 2

Complete the text describing Loana's and the other lofteurs' routine.

Hier matin, je EXEMPLE me suis reveillée  assez tard, et je ______ . Comme d'habitude j' ______  des céréales avec du lait, et j' ______  un verre de jus d'orange. Ensuite je ______  et je ______ . Après je ______  dans la salle de bains et je ______  et je ______ .

Aziz, Steevie et Jean-Edouard ______  dans le jardin. Ensuite ils ______  et ______ . Les garçons n'aiment pas passer beaucoup de temps dans la salle de bains, mais ils ______  et aussi ils ______ .

Delphine, elle ______  dans la cuisine avec Christophe. Ils ______ un bon repas et nous ______  ensemble. L'après-midi nous ______  des gâteaux. Moi, je ______  très tôt parce que mon challenge consiste à surveiller les poulets de 2 heures à 7 heures du matin!

Nom: Classe:

Les vacances catastrophiques

Activité 1

Match up the questions and answers.

a) *Où êtes-vous allée en vacances?* EXEMPLE [2]

b) *À quelle date êtes-vous partie en vacances?* [ ]

c) *Avec qui êtes-vous allée en vacances?* [ ]

d) *Où avez-vous logé* [ ]

e) *Combien de temps êtes-vous restée?* [ ]

f) *Comment avez-vous voyagé?* [ ]

g) *Qu'avez-vous fait en vacances?* [ ]

h) *Comment étaient vos vacances?* [ ]

1. *Mes vacances ont été désastreuses, et nous n'avons pas été remboursés!*

2. *Je suis allée en vacances en Espagne à côté d'Alicante.*

3. *Je suis partie le 2 juillet, avec 12 heures de retard!*

4. *Nous sommes restés une semaine, alors que la réservation était pour deux semaines!*

5. *Nous sommes allés à la plage, à pied, et nous avons aussi passé beaucoup de temps à expliquer nos problèmes à l'organisateur.*

6. *Je suis allée en vacances avec mon mari et mes enfants.*

7. *Nous avons voyagé en avion, pendant trois heures, et en taxi parce que le bus était parti sans nous!*

8. *Nous avons logé dans un très petit appartement, sans piscine, loin de la plage et à 10 kilomètres du village de Paloma!*

Activité 2

Answer the questions.

a) Where did they go on holiday? ______________________

b) What date did they leave? ______________________

c) What was the first problem they had? ______________________

d) Who did she go on holiday with? ______________________

e) How long did the flight take? ______________________

f) How did they get to their apartment, and why? ______________________

g) What did they do while on holiday? ______________________

h) How long had they booked to stay? ______________________

i) How long did they actually stay? ______________________

j) Give three details about the apartment. ______________________

Activité 3

On the back of this sheet, write an imaginary account of a holiday from hell.

Nom: Classe:

Les projets de vacances

Activité 1

Read the text. Which of the **time expressions** in the text could refer to the past, present and the future? Write them under the correct heading below.

***L'année dernière**, mes parents, ma sœur Claire (1) et moi, nous sommes partis en vacances en France (2). Pendant **deux semaines**, nous avons logé dans un camping (3) à côté de la Rochelle. **Le samedi** 2 août (4), nous avons voyagé en voiture (5) puis nous avons pris le ferry (5) à Portsmouth **l'après-midi**. **Le lendemain matin**, nous sommes arrivés à St-Malo. Quand nous sommes arrivés, nous avons installé la tente et ensuite nous sommes allés manger.*

***Le premier jour**, nous avons rencontré une famille française, les Renouart, qui nous ont invités, à manger **le soir**. Ils ont deux enfants: Pierre qui a 14 ans et Isabelle qui a 12 ans. Pendant **deux semaines**, nous avons passé beaucoup de temps avec les Renouart. Claire, Isabelle, Pierre et moi, nous sommes allés à la plage (6) **tous les jours**. Nous avons nagé et pêché des crabes et des poissons (6). **Le soir**, nous sommes allés à la foire locale et nous avons mangé des crêpes et beaucoup de glaces (6). Les vacances étaient fantastiques (7) et j'étais triste de partir. **L'année prochaine**, nous allons en vacances à côté de Falmouth en Cornouailles (8), avec les Renouart (9)! Nous allons voyager en voiture (10) et nous allons loger dans le camping (11) «Cornish Camping» pendant **deux semaines** (12). La **première semaine**, nous allons visiter Falmouth et les environs. (13)! **La dernière semaine**, nous allons passer beaucoup de temps à la plage (13). Ça sera super (14)!*

past	present	future
EXEMPLE l'année dernière	EXEMPLE le soir	EXEMPLE l'année prochaine

Activité 2

Match the questions with the correct answer (the underlined sentences in the text above). In each box, write the number that appears in brackets in the text.

a) EXEMPLE Où es-tu allé(e) en vacances? 2

b) Quand es-tu parti(e)? ☐

c) Avec qui es-tu parti(e)? ☐

d) Où as-tu logé? ☐

e) Comment as-tu voyagé? ☐

f) Qu'est-ce que tu as fait en vacances? ☐

g) C'était comment? ☐

h) Où vas-tu partir en vacances? ☐

i) Où vas-tu loger? ☐

j) Avec qui vas-tu partir? ☐

k) Pendant combien de temps vas-tu rester? ☐

l) Comment vas-tu voyager? ☐

m) Qu'est-ce que tu vas faire en vacances? ☐

n) Ça va être comment? ☐

Activité 3

Using the text above as a model, write an account of a past holiday and your future plans.

Nom: Classe:

Le Guinness des Records

Adresse | OK

Où allez-vous en vacances cette année? Voici quelques idées un peu différentes!

Logement:
Pourquoi pas un hôtel très ancien au Japon? ***Le 'Ryokan Hoshi', Awazu, Japon****. Fondée au 8ème siècle, par Garyo Hoshi, c'est l'auberge la plus ancienne de l'Empire Nippon.*

Ou bien, si vous n'aimez pas la chaleur, essayez ***Jukkasjärvi Ice Hotel, en Suède.***
On le reconstruit, de glace, chaque année! À 200 kilomètres du Cercle Arctique, c'est un hôtel de 60 chambres avec un hall de réception, un bar, une salle de cinéma et une chapelle où vous pouvez vous marier!

Et si vous ne souffrez pas de vertige, restez à ***l'hôtel Burj Al Arab, Dubai****. Vous allez aimer le restaurant qui semble suspendu en l'air, ou vous allez arriver, peut-être, en hélicoptère, sur la piste d'atterrissage, située au 28ème étage!*

À visiter:
Vous aimez visiter les sites et les monuments?
Montez sur la ***Tour CN à Toronto.*** *Haute de 553 mètres, sur deux portions, la tour a un plancher de verre.*
Vous préférez peut-être l'histoire? Alors, visitez la ***Pyramide Quetzalcóatl****, Cholula de Rivadia, Mexico City, déjà ancienne à l'époque des Aztèques.*

Pour les vacances actives:
Si vous aimez faire de la natation, ne manquez pas le ***'Ocean Dome', à Miyazaki****, Kyushu au Japon. Ce parc maritime couvert a coûté près de 300 millions de dollars!*

Vous aimez la vitesse? Vous allez aimer les montagnes russes ***Dodonpa à Fujikyu Highland Park*** *au Japon. Ce parc abrite quelques-unes des plus grandes montagnes russes au Japon.*

Et si vous aimez les parcs à thème, dirigez-vous à ***Disney World, Orlando en Floride****. Situé dans la ville d'Orlando, en Floride, Walt Disney World Resort couvre un territoire de 122 kilomètres carrés.*

Activité 1

Read the text and decide which places these people are going to.

a) *Je vais loger dans l'igloo le plus grand du monde!* ______

b) *Moi, je vais visiter le plus grand parc d'attractions du monde.* ______

c) *Nous allons loger dans l'hôtel le plus ancien du monde.* ______

d) *J'adore les montagnes russes, donc, je vais visiter les plus rapides du monde.* ______

e) *On va visiter le bâtiment le plus haut du monde.* ______

f) *Et moi, je vais nager dans le plus grand parc aquatique du monde.*

______

g) *Moi, j'ai de la chance parce que je vais loger dans l'hôtel le plus grand du monde.*

______

h) *Nous allons faire du tourisme, et visiter la plus grande pyramide du monde.*

______

Activité 2

What would be your ideal holiday. Where would you go?

EXEMPLE J'irais aux États-Unis. Je voudrais survoler le Grand Canyon, et après ça, visiter Las Vegas.

Nom: Classe:

Le «Top 10»

meilleur(e) = best
pire = worst

Activité 1

What is your favourite song? And film? Complete these sentences with either *meilleur* or *meilleure*, or *pire*, if you don't like them!

a) *À mon avis, la* ______________ *chanson c'est* «Petit Papa Noël».
b) *À mon avis, le* ______________ *film c'est* «le père Noël est une ordure».
c) *À mon avis, le* ______________ *plat c'est les cuisses de grenouille.*
d) *À mon avis, la* ______________ *musique c'est le zouk.*

e) *À mon avis, la* ______________ *couleur c'est le orange.*
f) *À mon avis, le* ______________ *joueur de football c'est Cantona.*
g) *À mon avis, la* ______________ *équipe de football c'est l'Olympique de Marseille.*
h) *À mon avis, le* ______________ *sport c'est le rugby.*
i) *À mon avis, la* ______________ *émission télé c'est* «Les Guignols».
j) *À mon avis, le* ______________ *livre c'est* «Harry Potter et la chambre des secrets».

Activité 2

je suis d'accord = I agree
je ne suis pas d'accord = I disagree

Give your opinion about each of the above statements.

EXEMPLE Je ne suis pas d'accord. À mon avis la meilleure musique c'est le raï.

Activité 3

On the back of this sheet, write your own 'top 10'. Adapt the list in **Activité 1**.

Activité 4

mieux que = better than
pire que = worse than

Think about comparing opinions and why you like or do not like these things. You can use adjectives and expressions such as:
intéressant, divertissant, amusant, reposant, passionnant, fascinant, ça donne envie de danser, ça donne envie de voyager, etc.

EXEMPLE Je ne suis pas d'accord. À mon avis, le raï c'est mieux que le zouk parce que c'est cool et très dynamique.

Nom: Classe:

Ne prenez pas de risques!

Activité 1

Complete the puzzle by writing in the correct word.

1.

EXEMPLE 2. M A R C H E

Horizontalement

2. *En montagne, portez des chaussures de* 

3. *En voiture, portez votre*  *de sécurité.*

4. *Avant de partir, vérifiez votre* 

5. *Si vous faites du vélo ou du roller, portez un* 

6. *En route, respectez les* 

7. *En voiture et en vélo, respectez le code de la* 

8. *Sur la plage, portez des sandales en* 

9. *Et mettez de la crème* 

10. *Et si vous faites du skate, portez des protections spéciales sur les* 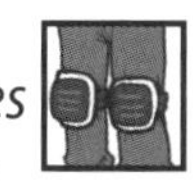

What is the missing word?

Faites ______________ près des rivières. 

Activité 2

Complete the text. Use the words in the box.

essayez
ceinture
crème
campagne
régulièrement
carte
météo
portez
respectez
partez

Les vacances en sécurité

Quelques suggestions pour passer de bonnes vacances, sans problèmes. Avant de partir, achetez un guide ou une EXEMPLE carte *de la région. Comme ça, vous n'allez pas vous perdre. En montagne, ou à la ______________, écoutez la ______________ avant de partir et n'oubliez pas votre ______________ solaire. À pied, ou sur la route, ______________ les panneaux et aussi le code de la route. En voiture, portez votre ______________ de sécurité et essayez de vous arrêtez ______________ pour vous détendre. Si vous faites du vélo ou du skate, ______________ un casque, et ne ______________ pas seul. Finalement, n'oubliez pas que vous êtes en vacances: ______________ de vous amuser!*

Nom: Classe:

Quelle journée!

Activité 1

Draw a line to match up the beginnings and endings of the sentences. Use the pictures to help you.

EXEMPLE

a) 

J'ai l'intention d' → 3

b) *J'ai besoin d'* 

c)  *Je vais essayer de*

d) *Je vais éviter de* 

e)  *J'ai envie d'*

f) *J'ai l'intention de* 

g)  *J'ai décidé de*

h) *Je vais essayer de* 

1. *promener le chien.*

2. *aller voir ma grand-mère.*

3. *aller en ville.*

4. *jouer avec mon petit frère.*

5. *faire mes devoirs.*

6. *acheter une trousse et des stylos.*

7. *ranger ma chambre.*

8. *regarder trop de télévision.*

Activité 2

Unfortunately, the day didn't go quite as well as planned. Unjumble the phrases to find out what happened. Match each phrase to the correct picture.

1. *de décidé ma a grand-mère sortir*

....

2. *devoirs de il faire était difficile mes*

....

3. *j'ai d'acheter stylos oublié des*

....

4. *petit a mon avec frère moi jouer refusé de*

....

a)  ☐

b)  ☐

c) 

☐

d)  ☐

Activité 3

On the back of this sheet, write a sentence to show something else that went wrong with the day, and draw the picture to illustrate it.

Nom: Classe:

En France

accueil | logement | histoire | **festivals** | sport | liens | contact

Bretagne

Pardons et festoù-noz

En Bretagne on aime beaucoup les occasions de porter les costumes traditionnels et de danser. Si vous aimez les fêtes, vous allez aimer les fêtes bretonnes:

- *les «festoù-noz», les fêtes de nuit;*
- *les pardons, basés sur le pardon des péchés et célébrant les saints locaux;*
- *la semaine complète de festivals traditionnels et populaires du Festival de Cornouaille à Quimper.*

accueil | logement | histoire | festivals | **sport** | liens | contact

Corse

Véritable montagne dans la mer, la Corse propose beaucoup d'activités sportives: plongée, golf, équitation, parapente, randonnées, canyoning, kayak. Il est difficile de faire son choix. Pour ceux qui aiment la mer, on peut faire de la voile, ou du kayak de mer, ou bien de la plongée. Si vous préférez la montagne, vous pouvez faire une randonnée et découvrir des cascades et des forêts.Ou bien, vous pouvez parcourir l'île en kayak, et arpenter les nombreuses rivières et les rapides entre les falaises.

Activité 1

Read the texts. Find the French for:

a) we/people like = ____________

b) if you like = ____________

c) you are going to like = ____________

d) based on = ____________

e) traditional, popular festivals = ____________

f) it is difficult to make a choice = ____________

g) for those who like = ____________

h) if you prefer = ____________

Activité 2

Put a number next to each picture to show the order in which they are mentioned in the two texts.

a) 

b) 

c) 

d) 

e) 

f) 

g) 

h) 

Activité 3

Write a text in French about a place you know well, giving information about what you can do there. Use the phrases from **Activité 1.**

Nom: Classe:

Les merveilles du monde

Activité 1

Complete these records using words from the box below.

a) *Le plus* EXEMPLE grand *fjord est Nordvest fjord, sur 313 kilomètres, à l'est du Groenland.*

b) *Le volcan le plus au* ______ *est Beerenberg, de 2276 mètres.*

c) *Le record de température la plus* ______ *pour une région habitée: -68 °C, à Oymyakon, nord-est de la Sibérie.*

d) *Le* ______ *grand glacier est le Lambert, environ 65 kilomètres de large sur 400 kilomètres de long.*

e) *Le lac Baïkal est le plus* ______ *lac du monde. Ce lac atteint, par endroits, une profondeur de 1700 mètres.*

profond	**petit**
grand	**basse**
plus	**nord**
monde	

f) *Le plus* ______ *des océans, c'est l'océan Arctique avec une superficie de 12 000 000 kilomètres carrés.*

g) *Le plus grand lac du* ______ *? C'est la mer Caspienne, avec une superficie de 370 000 kilomètres carrés.*

Activité 2

Write down in English one fact about each place.

a) *Nordvest fjord:* ______

b) *Beerenberg:* ______

c) *Oymyakon:* ______

d) *Lambert:* ______

e) *Le lac Baikal:* ______

f) *l'océan Arctique:* ______

g) *la mer Caspienne:* ______

Activité 3

Do some research and find out about other record-breaking places in the world, e.g. the Sahara.

Nom: Classe:

L'Homme Vert!

Activité 1

Max recycles much of his rubbish. His friend, Marc, doesn't do anything. Write what Marc would say.

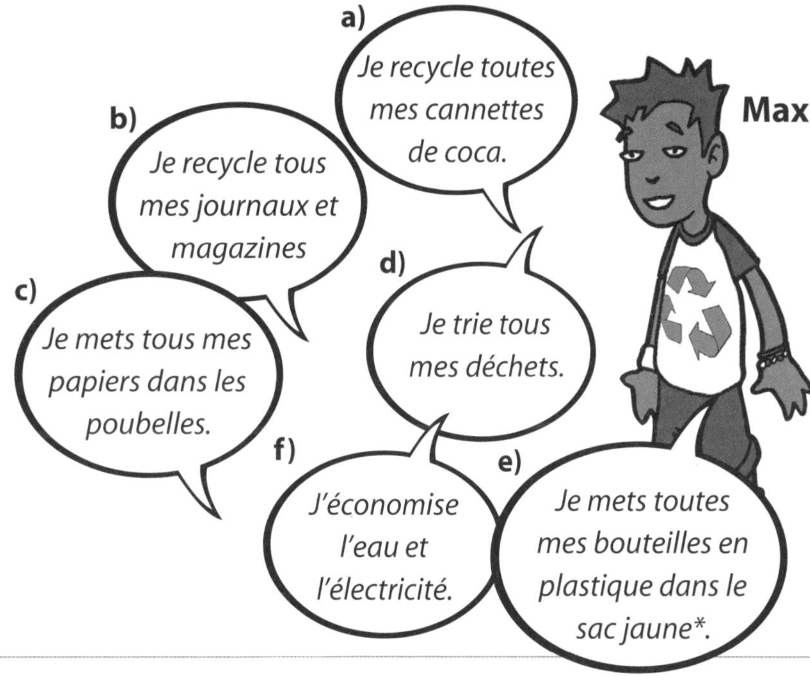

EXEMPLE Je ne recycle rien.

glossary

trier = to sort out

* *un sac pour trier les bouteilles, etc. en plastique*

Activité 2

L'Homme Vert thinks you should do more to help the environment. Use the words in the boxes to write his advice. Attention! The verbs are in the infinitive; you need to use the imperative.

recycler apporter trier mettre économiser prendre utiliser jeter acheter

les journaux et les magazines
les bouteilles à une colonne verte
les déchets verts, comme l'herbe
votre vélo
du papier recyclé
vos cartons
vos papiers dans une poubelle
vos déchets
de l'eau
de l'électricité
moins la voiture

EXEMPLE Recyclez les journaux et les magazines.

Activité 3

Invent your own slogan or piece of advice for helping to improve the environment.

Nom: Classe:

L'environnement en ville

Ce que nous allons faire pour réduire la circulation automobile.
Nous allons:

1. *développer des couloirs de bus;*
2. *transformer le centre-ville en zone piétonne;*
3. *limiter la circulation en centre-ville;*
4. *limiter le stationnement en centre-ville;*
5. *développer des lignes de métro;*
6. *créer des pistes cyclables;*
7. *développer des parkings à l'extérieur de la ville, et utiliser des autobus pour transporter les passagers.*

Activité 1

Find the phrase that means:

a) cycle tracks = ______

b) parking = ______

c) bus lanes = ______

d) car parks = ______

e) traffic = ______

f) pedestrian zone = ______

Activité 2

Choose one of the endings below to complete each of these sentences.

a) *Chez nous…* ☐

b) *À mon avis,…* ☐

c) *À mon avis, ce n'est pas une bonne idée parce qu'…* ☐

d) *Je voudrais bien…* ☐

e) *Je n'aime pas les couloirs de bus parce que…* ☐

f) *Les parkings à l'extérieur de la ville, c'est une bonne idée parce que…* ☐

1. *…c'est une bonne idée de limiter la circulation.*
2. *…utiliser les pistes cyclables parce que j'aime faire du vélo.*
3. *…ça crée des problèmes avec la circulation des voitures.*
4. *…ce n'est pas cher d'acheter un billet d'autobus, et on ne doit pas trouver un parking en centre-ville.*
5. *…on a l'intention de transformer le centre-ville en zone piétonne.*
6. *…il n'y a pas assez de parkings pour les touristes. Il faut développer plus de parkings.*

Activité 3

Which of these features is the most important to you? Prioritise them according to your own opinion or what you think your area needs. (1 = most important, 6 = least important)

☐ les pistes cyclables
☐ les couloirs de bus
☐ les parkings à l'extérieur de la ville
☐ les zones piétonnes
☐ les lignes de métro et de bus
☐ les petits parkings dans le centre-ville

Nom: Classe:

Le nouveau centre commercial

Activité 1

Read the phrases. Are they for or against the new shopping centre? Write them in the correct box.

a) *Il n'y a rien dans mon village. Alors, ça va être beaucoup mieux.*

b) *On va détruire des maisons. C'est dommage.*

c) *Ça va être positif pour l'économie.*

d) *Beaucoup de personnes vont trouver du travail.*

e) *Ça va créer des problèmes pour les petits magasins dans les villages près du centre commercial.*

f) *Ça va être positif pour la région.*

g) *Il y a déjà trop de magasins.*

h) *Ça va créer beaucoup de problèmes de circulation: trop de voitures.*

i) *Les champs et les arbres vont disparaître. C'est mauvais pour le paysage.*

j) *On va avoir plus de choix dans les magasins.*

Pour

....

....

....

....

....

....

....

....

Contre

....

....

....

....

....

....

....

....

Activité 2

Write the letter of the phrase from **Activité 1** that matches these pictures.

1. 
EXEMPLE ✓ C

2. 

3. 

4. 

5. 

6. 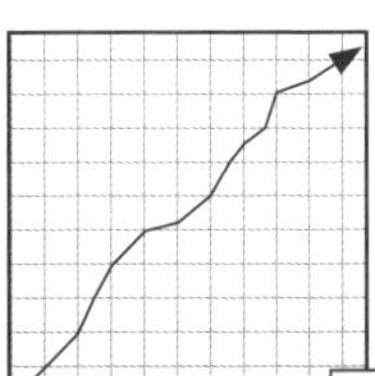

7. 

8. 

9. 

10. 

Activité 3

Propose a new building or attraction for your local area.

EXEMPLE Ma région a besoin d'un nouveau centre sportif. Il n'y a rien à faire, et j'adore faire du sport. Un centre sportif ça va être positif pour la région et beaucoup de personnes vont trouver du travail.

Nom: Classe:

La vie des handicapés

Activité 1

Read the text and draw a line from each statement to the correct illustration.

a) *Nous avons installé des boîtes aux lettres à hauteur de fauteuil roulant.*

b) *Il y a des feux rouges parlants pour aider les aveugles.*

c) *Il y a aussi des trottoirs surbaissés pour aider les fauteuils roulants à circuler plus facilement.*

d) *Au centre-ville, il y a beaucoup de places de parking 'handicapés'.*

e) *Et nous avons publié un guide spécial pour informer les handicapés sur la ville.*

1.
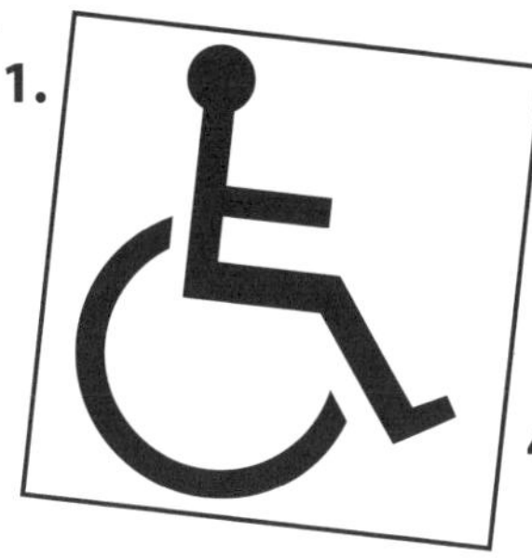

2.

3.

4.

5.
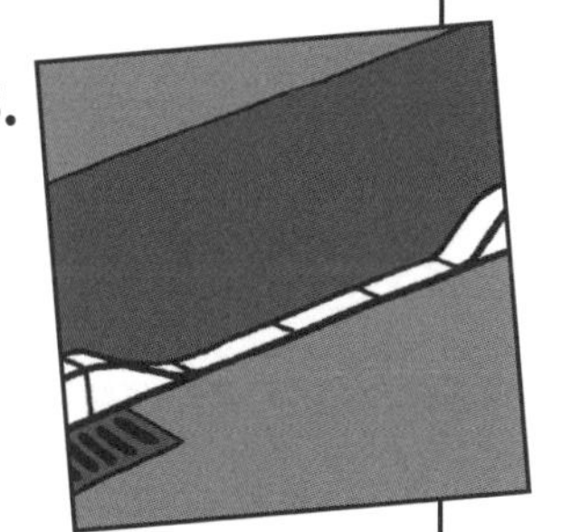

Activité 2

Read the statements. Where would these improvements take place? Write the letter of each statement under the correct heading. Some can go in more than one column.

a) *Il y a des couloirs très larges.*

b) *On a installé des ascenseurs.*

c) *Il y a des rampes d'accés dans les jardins.*

d) *On entend un signal sonore quand les portes se ferment.*

e) *Les téléphones ont un signal lumineux.*

f) *Il y a un emplacement réservé aux personnes en fauteuil roulant.*

g) *On voit un signal lumineux quand les portes se ferment.*

h) *On a mis des rampes d'accès.*

i) *Il y a des chiens dressés*.*

j) *On peut travailler avec un aide éducateur.*

** un chien dressé pour les aveugles, ou les malentendants*

à la maison	dans les trains	à l'école
	a) EXEMPLE	a)

Activité 3

Think about your town or area. On the back of this sheet, write a paragraph of the improvements that have, or have not yet been made.

EXEMPLE Dans quelques magasins, on a mis des rampes d'accès, c'est bien. On a aussi mis des ascenseurs. Mais...

Nom: Classe:

Tu sais l'heure?

Activité 1

Find the numbers hidden in the wordsnake and write them out.

cinqdixquinzevingtvingt-cinqtrentetrente-cinqquarantequarante-cinqcinquantecinquante-cinqsoixante

Activité 2

Continue the sequence. Write the numbers as words.

a) *douze, treize, quatorze,* ______

b) *dix-neuf, dix-huit, dix-sept,* ______

c) *neuf, douze, quinze,* ______

d) *vingt, vingt-deux, vingt-quatre,* ______

e) *trente, trente-cinq, quarante,* ______

f) *vingt-quatre, trente, trente-six,* ______

g) *quarante-cinq, cinquante, cinquante-cinq,* ______

h) *dix, quinze, vingt,* ______

Activité 3

Unjumble these sentences and match the times to the clocks.

1. *quarante-cinq Il est heures quinze*

______

2. *est heures Il dix-sept vingt*

______

3. *Il heures quinze quinze est*

______

4. *est Il cinquante-cinq dix-huit heures*

______

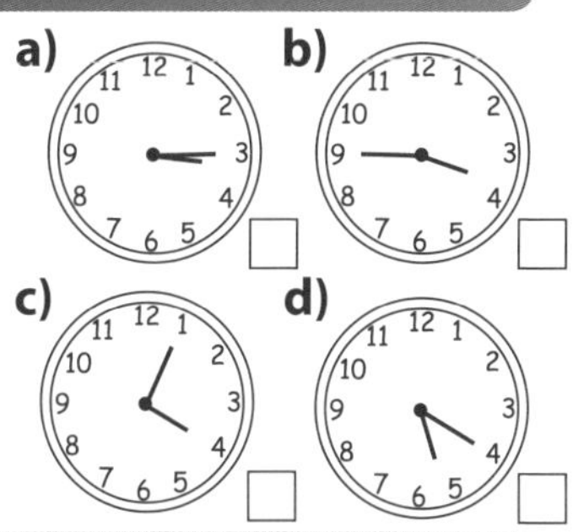

Activité 4

Read the times from the two diary pages. Number the appointments in both the diaries in order, starting with the earliest.

Journal A

- Je vais au café à onze heures et quart. ☐
- Je vais chez le dentiste à deux heures et demie. ☐
- Je vais retrouver mes copains en ville à une heure et quart. ☐
- On va aller au cinéma à trois heures. ☐
- Je dois rentrer chez moi à cinq heures vingt. ☐

Journal B

- Je vais chez le médecin à treize heures vingt-cinq. ☐
- Je vais aller chez mon frère à quatorze heures quarante. ☐
- Nous allons à la piscine à dix-sept heures quinze. ☐
- Je vais prendre le bus à dix-huit heures trente. ☐
- Je vais faire mes devoirs à vingt-deux heures. ☐

Nom: Classe:

Mon émission préférée...

Vos préférences

«**Angel**»

Mon émission préférée est «Angel». *Cette série est le spin-off de la série américaine* «Buffy contre les Vampires». *On a rencontré Angel dans le premier épisode de* «Buffy». *Il était destiné à être un messager. Mais ce personnage était tellement populaire qu'on a décidé de développer sa relation avec Buffy. À la fin de la troisième série de* «Buffy», *Angel a décidé de partir pour Los Angeles. C'est le début de la série* «Angel» *qui connaît maintenant un très gros succès. Angel est un vampire et son unique but est de faire le bien. Souvent, c'est un peu effrayant, mais souvent c'est passionnant! Dans la première série de* «Buffy», *Angel est un personnage sombre, sérieux, et, pendant les trois saisons de* «Buffy» *il ne rit jamais. Mais en créant une série centrée sur lui, on peut développer le personnage, et on voit Angel sourire et même rire. Il est aussi plus physique. Sa propre série lui permet d'exprimer une puissance au combat digne d'un vampire de presque 250 ans!*

Adresse **extrait A**

J'aime bien «Angel», *parce que David Boreanaz qui joue Angel est très beau. Il a des aventures passionnantes et dangereuses.*

Adresse **extrait B**

Je n'aime pas tellement ce genre de série. Je pense que les histoires sont un peu bêtes. Je préfère regarder les films et les émissions de sport. Ce que je déteste c'est la télé réalité.

Activité 1

Read the text and **extrait A** and find the answers to these questions.

a) *Comment s'appelle cette émission? Elle s'appelle* ______

b) *C'est quelle sorte d'émission? C'est* ______

c) *De quoi s'agit-il? Il s'agit de* ______

d) *Il est comment, le personnage principal?* ______

e) *Pourquoi est-ce que tu aimes cette émission?* ______

Activité 2

Adapt this text to write about a programme you like.

a) Begin with the title:

Mon émission préférée c'est ______

b) What is it about?

Angel est un vampire ______

c) Why do you like it?

J'aime bien «Angel» *parce que* ______

d) Add some information about programmes you don't really like. Use **extrait B** to help you.

Je n'aime pas ______ *parce que* ______

______

Nom: Classe:

Fait ou opinion?

Activité 1

Match up the two halves of these sentences.
«Le seigneur des anneaux»

a) *J. R. R. Tolkien qui a écrit* «Le seigneur des anneaux»*…*
b) *On peut acheter les livres qui existent en 40 langues…*
c) *Le hobbit qui a laissé l'agneau à Frodon, son neveu…*
d) *Dans les films c'est Elijah Wood qui…*
e) *Le film* «Les deux tours» *qui est sorti en France en 2002…*
f) «Les deux tours», *qui est le deuxième film de la trilogie…*

1. *joue le rôle de Frodon.*
2. *a été consacré meilleur film à la cérémonie des MTV Movie Awards en 2003.*
3. *est mort en 1973.*
4. *se classe maintenant au 5ème rang des plus gros films de l'histoire du cinéma.*
5. *s'appelle Bilbon, en français.*
6. *partout dans le monde.*

Activité 2

Fact or opinion? Read the statements and decide if they give a fact (F) or an opinion (O) about '*The Lord of the Rings*'.

a) *C'est un film américain, réalisé par Peter Jackson.* ☐
b) *Le film est une aventure épique de la lutte du bien et du mal.* ☐
c) *Ce qui m'intéresse dans cette histoire, c'est l'histoire de la survie et du courage.* ☐
d) *Ce film est très long, mais on ne s'ennuie pas! C'est excellent!* ☐
e) *C'est aussi une histoire d'amitié et de courage.* ☐
f) *L'histoire a lieu dans la Terre du Milieu.* ☐
g) *Le personnage que je préfère, c'est Frodon. Il n'est pas un héros typique, mais il est très courageux et loyal.* ☐
h) *Je suis un très grand fan de Tolkien, et j'adore le film tiré du livre. C'est très passionnant et vivant.* ☐

Activité 3

On the back of this sheet, write a paragraph about the film «Matrix Revolutions» based on the information given.

Matrix Revolutions: *film américain*
Réalisé par: *Andy et Larry Wachowski*
Sortie: *novembre 2003*
Avec: *Keanu Reeves (Neo)*
3ème film de la série: «Matrix» *(juin 1999),* «Matrix Reloaded» *(mai 2003) et* «Matrix Revolutions» *(novembre 2003)*

EXEMPLE C'est un film américan.

Activité 4

Choose a film that you like, and write a paragraph about it.
Remember to give a mixture of fact and opinion.

Nom: Classe:

C'est qui?

Activité 1

What do you know about Elijah Wood, who played Frodo in *'The Lord of the Rings'*?
Unjumble the sentences.

EXEMPLE

a) *châtains. Il les a cheveux* = Il a les cheveux châtains.

b) *les bleus. Il yeux a* = ____________________

c) *1 m 68. mesure Il* = ____________________

d) *28 Il né le 1981. juin est* = ____________________

e) *sœur frère. a Il une et un* = ____________________

f) *Los Angeles. habite Il à* = ____________________

g) *Cedar Wood Iowa. à est né Il* = ____________________

h) *participé à douze Il a plus de films.* = ____________________

i) «Le seigneur des anneaux». *rôle Il joué de a Frodon le dans film le* = ____________________

____

Activité 2

Read this description and fill in the missing words.

EXEMPLE

Mon actrice *(1) préférée est Halle Berry. Elle est très ____________ (2) et pleine de ____________ (3). Elle est ____________ (4) le 14 ____________ (5), 1968, à Cleveland, Ohio. Elle est assez ____________ (6) avec les ____________ (7) bruns et les yeux ____________ (8). Elle a une ____________ (9) qui s'appelle Heidi et ____________ (10) neveux. À dix-sept ____________ (11), elle a gagné le titre de Miss Teen All-America. Et en 2002 elle a reçu un oscar pour son ____________ (12) dans le film* «À l'ombre de la haine» ("Monster's Ball"). *Elle a aussi ____________ (13) le rôle de Jinx dans le film* «Meurs un autre jour» ("Die Another Day") *et Tornade dans le ____________ (14) «X^2». Je l'aime parce qu'elle ____________ (15) souvent des rôles intéressants, souvent des femmes très fortes.*

film joue talent née cheveux bruns grande août sœur belle trois joué actrice rôle ans

Activité 3

Write a description of your favourite TV, film or book character.

____

____

____

____

____

Nom: Classe:

Mes réactions

Activité 1

Can you understand these 'smileys' or 'emoticons'? Follow the lines to match up the 'smiley' with the phrase.

a) :-)
b) 8-)
c) :-D
d) : - O
e) :- (
f) :-))
g) :-I
h) :->
i) :-o
j) ;-)

je suis triste ou fâché ☐
je suis indifférent ☐
je porte des lunettes ☐
uh-oh, il y a un problème! ☐
je suis très content ☐
je ris ☐
un clin d'œil ☐
je suis content a EXEMPLE
je suis étonné ☐
une réaction ironique ☐

C'est un visage

: -)

le nez
la bouche
les yeux

Activité 2

Write each of the phrases below under the appropriate face.

a) EXEMPLE

je suis déçu

b)

c)

d)

e)

f)

g)

h)

i)

j)

elle est choquée **il est dégoûté** **elle est anxieuse** **je suis timide** **tu es ennuyé?**
je suis triste **je suis gêné** **je suis déçu** **il est fâché** **je suis effrayée**

Activité 3

Invent 'emoticons' for the words in **Activité 2.** EXEMPLE \-0= je suis ennuyé

Nom: Classe:

Au cinéma

Activité 1

Where or when would you say the following phrases? Write the number under the correct heading in the table below. Think of one more thing to say in each of the situations.

- a) Je voudrais aussi un Orangina.
- b) Quatre billets pour la séance de 15 heures 10.
- c) Tu veux aller au cinéma?
- d) C'est combien?
- e) Quel film!
- f) Si on allait au cinéma?
- g) C'est combien, le chocolat?
- h) Le film finit à quelle heure?
- i) Il y a un bon film aujourd'hui.
- j) Avez-vous des glaces?
- k) Il y a le nouveau film de Keanu Reeves.
- l) C'était vraiment amusant.
- m) Quatre billets, s'il vous plaît.
- n) Je l'ai trouvé un peu long.
- o) Pour moi, un paquet de bonbons.
- p) J'adore les films d'action. C'était super!

Au télephone: tu invites ton ami	Au cinéma: tu achètes ton billet	Au kiosque: tu achètes des bonbons	Après le film: tu donnes ton opinion
		a) EXEMPLE	

Activité 2

Read these answers. What questions would you ask to get these answers?

a) *Mon acteur préféré, c'est Brad Pitt. D'habitude, il joue des rôles intéressants et il est très bon.*

b) *Je préfère les films de science-fiction, comme «*Matrix Revolutions*», ou les comédies. Mais je n'aime pas du tout les films d'amour ou les dessins animés.*

c) *Normalement je vais au cinéma avec mes copains.*

d) *Je vais au cinéma une fois par mois, je suppose. Mais j'aime aussi regarder des vidéos chez moi, ou chez mes copains.*

e) *Le dernier film que j'ai vu, c'était à la télé. J'ai vu «*La guerre des étoiles*». C'était la troisième fois que je l'ai vu et je l'ai bien aimé.*

Activité 3

On the back of this sheet, write your own answers to the questions you wrote in **Activité 2**.

Nom: Classe:

Une critique

la sœur cadette = younger sister

TEXT A

C'est une émission de télé très célèbre. Il s'agit d'une famille américaine qui habite à Springfield. Le père, Homer, travaille dans la Centrale Nucléaire à Springfield. Il aime les beignets et la bière. Marge, la mère, est très fière de ses trois enfants. Avec ses cheveux bleus, elle est très connue dans sa ville. Bart, le fils, est souvent le héros des histoires. Parfois il fait des bêtises, mais il dit qu'il essaie simplement de faire du bien! Et il adore son chien. Lisa, la sœur cadette, est très intelligente. Elle aime surtout jouer du saxophone et aller à l'école. Elle est végétarienne. Maggie, le bébé, ne parle pas mais elle voudrait apprendre à parler et aussi à marcher.

TEXT B

Cette trilogie, écrite par Philip Pullman, raconte les aventures de Lyra et ses copains. Dans le premier livre, «Les royaumes du nord», *quand Roger, le meilleur ami de Lyra disparaît, elle n'hésite pas à aller le chercher. Pendant son voyage dangereux et exultant vers le Grand Nord, elle découvre ses pouvoirs extraordinaires qu'elle va utiliser pendant ses aventures périlleuses. Les trois livres de la trilogie sont:* «Les royaumes du nord», «La tour des anges» *et* «Le miroir d'ambre».

Activité 1

Read the texts and answer the questions.

Qui…

a) *aime manger des beignets?* ____________

b) *a des pouvoirs spéciaux?* ____________

c) *ne parle pas?* ____________

d) *disparaît au début du livre?* ____________

e) *aime jouer d'un instrument de musique?* ____________

f) *a deux sœurs?* ____________

g) *ont trois enfants?* ____________

h) *va faire un voyage dangereux?* ____________

i) *a écrit la trilogie?* ____________

j) *ne mange pas de viande?* ____________

Activité 2

Read these opinions. Which text do they refer to? **Text** ☐

À mon avis, c'est super! Les personnages sont tous très intéressants et le livre est très bien écrit.

C'est une belle aventure.

Des passages m'ont fait rire, d'autres pleurer.

Il y a beaucoup de choses qui se passent dans ce livre.

C'est vraiment une bonne série. Bref, j'ai beaucoup aimé ce livre.

Activité 3

Select one of the reviews and summarise it in English on the back of this sheet.

Activité 4

Choose a book, a TV programme or a film and write a short review in French on the back of this sheet.

Nom: Classe:

La Nouvelle-Calédonie

Quelques infos:

- *en plus des 95 départements français il existe les DOM (les départements d'outre-mer) et les TOM (les territoires d'outre-mer)*
- *la Guadeloupe, la Guyane, Saint-Pierre et Miquelon, la Martinique, la Polynésie française, Mayotte, la Réunion, la Nouvelle-Calédonie, Wallis et Futuna, Clipperton, les T.A.A.F., les Îles Éparses*

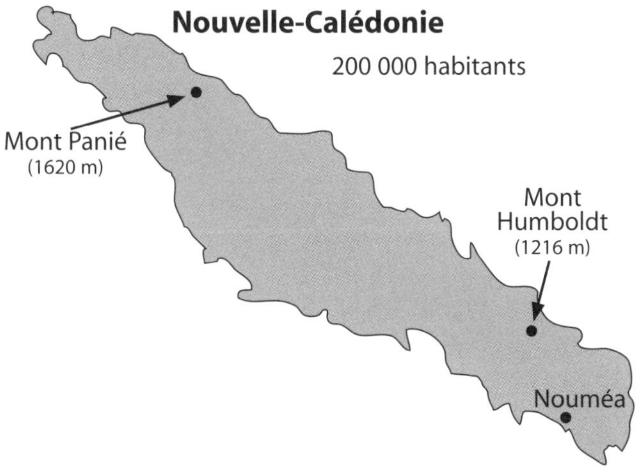

- *Le 5 septembre 1774, le capitaine James Cook découvre l'île de Balade au Nord-Est de la Grande-Terre. Il décide d'appeler l'archipel la Nouvelle-Calédonie parce que cela ressemble à l'Écosse.*
- *La Nouvelle-Calédonie est un archipel situé dans l'océan Pacifique à 18 300 kilomètres de la France et à 2000 kilomètres de l'Australie.*
- *La Nouvelle-Calédonie se compose de la Grande-Terre, des îles Loyauté-Maré, Lifou, Ouvéa et Tiga (à l'Est), de l'île des Pins (au Sud) et des îles Bélep (au Nord) ainsi que de quelques îlots inhabités – Hunter et Matthew.*
- *La population comprend: 44 pour cent de Mélanésiens, 34 pour cent d'Européens, ainsi que des Wallisiens et Futuniens, Indonésiens, Vietnamiens et Tahitiens.*
- *La langue officielle est le Français, il existe aussi plus de 30 dialectes canaques.*
- *Le climat est tropical tempéré: de novembre à avril c'est la saison chaude avec des températures moyennes de 25 °C à 27 °C. En février/mars c'est la saison cyclonique, et de la mi-mai à la mi-septembre c'est la saison fraîche avec des températures de 20 °C.*
- *Le décalage horaire est de pratiquement 12 heures. En été, quand il est 12 heures à Paris, il est 22 heures à Wallis et Futuna et 21 heures en Nouvelle-Calédonie. Il faut rajouter une heure en hiver.*

Activité 1

Read the information above. Are the following statements true (✓) or false (✗) ?

a) *La Nouvelle-Calédonie* was discovered by James Cook. ☐

b) It derives its name from Ireland. ☐

c) It is a collection of islands. ☐

d) *La Nouvelle-Calédonie* is in the Atlantic Ocean. ☐

e) It is more than 10 000 kilometres away from France. ☐

f) It has five main islands. ☐

g) The population is mainly European. ☐

h) French is the second language after 'canaque'. ☐

i) There are three seasons. ☐

j) Temperatures can go well below 20 °C. ☐

k) There are 12 French territories. ☐

l) The capital of *la Nouvelle-Calédonie* is called *Mont Panié*. ☐

Activité 2

Find some more facts about *la Nouvelle-Calédonie*. Use the other side of this sheet to write them down in French.

Nom: Classe:

La Polynésie française

- *En 1595, l'Espagnol Mendaña découvre les îles Marquises. Ensuite, les explorateurs Samuel Wallis, Bougainville, Cook et Bligh découvrent les autres îles.*
- *Le 29 juin 1880 les cinq archipels deviennent une possession française.*

Tahiti
239 000 habitants

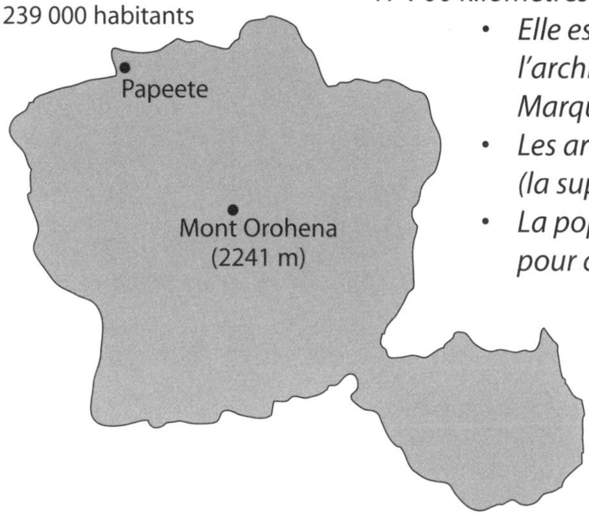

- *La Polynésie est un archipel situé dans l'océan Pacifique à 17 700 kilomètres de la France, entre la Californie et l'Australie.*
- *Elle est composée de 118 îles organisées en cinq archipels: l'archipel de la Société, l'archipel des Tuamotu, l'archipel des Marquises, l'archipel des Australes, l'archipel des Gambier.*
- *Les archipels sont répartis sur 4 millions de kilomètres carrés (la superficie de l'Europe).*
- *La population comprend 82,8 pour cent de Polynésiens, 12,9 pour cent d'Européens et 4,7 pour cent d'Asiatiques.*
- *La Polynésie a attiré et inspiré beaucoup d'artistes: de Paul Gauguin (peintre français) à Jacques Brel (chanteur et poète belge) ou encore Marlon Brando (acteur américain).*
- *Le climat est tropical avec environ 3000 heures de soleil par an! La température moyenne est de 27 °C et l'eau des lagons est à 26 °C.*
- *De novembre à mars c'est la saison chaude et humide, suivie d'une saison plus fraîche d'avril à octobre.*
- *La végétation est luxuriante et exubérante toute l'année.*
- *Le décalage horaire est de 12 heures: en été, quand il est 12 heures à Paris il est 00 heures le même jour à Tahiti. En hiver, quand il est 12 heures à Paris, il est 1 heure du même jour à Tahiti.*

Activité 1

Read the information above. Are the following statements true (✓) or false (✗) ?

a) Tahiti is one of the main islands. ☐
b) There are six archipelagos. ☐
c) It is located in the Pacific Ocean, over 20 000 kilometres away from France. ☐
d) The area covered by the islands is as big as Europe. ☐
e) It is mainly populated by Polynesians. ☐
f) It has given inspiration to a variety of artists. ☐
g) The temperatures do not vary much between the two seasons. ☐
h) It gets a lot of sun all year round. ☐
i) The area is famous for its wild and gorgeous flora. ☐
j) The islands were discovered by various explorers. ☐
k) It took nearly three centuries for the islands to officially become a French territory. ☐

Activité 2

Find some more facts about *la Polynésie*.

Use the other side of this sheet to write them down in French.

Activité 3

Compare *la Polynésie* and *la Nouvelle-Calédonie* and say which one you prefer.

Teacher's Notes and Answers

Page d'activités 1

Un cours d'aérobic

Activité 1:
Pupils unjumble the sentences.

Activité 2:
Pupils rewrite the informal instructions (in the *tu* form) in the formal way (*vous* form).

Activité 3:
Pupils write down instructions to make an aerobics routine.

Extension suggestion
Pupils produce a daily aerobics routine for their class: instructions and pictures (stick people).

Answers

Activité 1:
a) *Leve les bras.*
b) *Agite la main droite.*
c) *Touche le nez avec la main droite.*
d) *Plie la jambe gauche.*
e) *Baisse la tête.*
f) *Mets le bras gauche derrière la tête.*

Activité 2:
a) *Levez les bras. 4*
b) *Agitez la main droite. 2*
c) *Touchez le nez avec la main droite. 5*
d) *Pliez la jambe gauche. 1*
e) *Baissez la tête. 6*
f) *Mettez le bras gauche derrière la tête. 3*

Activité 3:
n/a

Page d'activités 2

Aïe, j'ai mal!

Activité 1:
Pupils write down as appropriate *à la/au/aux/à l'* then draw a line between the sentences and the correct body part on the picture.

Activité 2:
Pupils complete the sentences using the pictures as prompts.

Activité 3:
Pupils rewrite the monster's garbled messages into proper sentences.

Extension suggestion
Pupils make their own garbled messages and ask their classmates to rewrite the sentences into proper French.

Answers

Activité 1:

a) *à la*	**e)** *aux*
b) *aux*	**f)** *à l'*
c) *à la*	**g)** *au*
d) *au*	

Activité 2:
a) *Non, je ne peux pas, j'ai mal au dos.*
b) *Non, je ne peux pas, j'ai mal aux doigts.*
c) *Non, je ne peux pas, j'ai mal à la main droite.*
d) *Non, je ne peux pas, j'ai mal au genou.*
e) *Non, je ne peux pas, j'ai mal au cou.*

Activité 3:
a) *Je ne peux pas toucher l'épaule, j'ai mal au dos.*
b) *Je ne peux pas lever le bras, j'ai mal au coude.*
c) *Je ne peux pas agiter le doigt, j'ai mal à la main.*
d) *Je ne peux pas lever le pied, j'ai mal à la jambe.*

Page d'activités 3

Chez le docteur

Activité 1:
Pupils match up pictures and expressions.

Activité 2:
Pupils reuse sentences from **Activité 1** to categorise them into two columns (*être/avoir*).

Activité 3:
Pupils match up a problem (or condition) with an appropriate piece of advice.

Extension suggestion
Pupils make up silly, nonsensical bits of advice.

Answers

Activité 1:

a) *6*	**e)** *2*
b) *7*	**f)** *4*
c) *8*	**g)** *3*
d) *5*	**h)** *1*

Activité 2:
être: *malade/fatigué*
avoir: *faim/froid/chaud/peur/besoin d'aide/soif*

Activité 3: Possible answers:
a) *Si tu es malade, il faut voir le médicin.*
b) *Si tu as peur, il ne faut pas regarder un film d'horreur.*
c) *Si tu as faim, il faut manger un sandwich.*
d) *Si tu as chaud, il faut enlever ton pull.*
e) *Si tu as soif, il faut boire de l'eau.*
f) *Si tu es fatigué, il faut aller au lit.*
g) *Si tu as besoin d'aide à l'école, il faut parler avec le professeur*
h) *Si tu as besoin d'aide en vacances, il fait parler a l'organisateur.*
i) *Si tu as besoin d'aide a la piscine, il faut appeler au surveillant.*
j) *Si tu as besoin d'aide sur la route, il faut appeler à l'Automobile-Club.*

Page d'activités 4

Soyez prudent!

Activité 1:
Pupils read the various pieces of advice, or put a cross next to them if they are bad advice.
Activité 2:
Pupils amend the bad advice to make it good advice.
Activité 3:
Pupils find a synonym, in the previous sentences, for each expression.

Activité 4:
Pupils write a paragraph under the heading *Les conseils du pharmacien*.

Extension suggestion
Pupils write down, in French, other common healthy tips.

Answers

Activité 1:

Exposer les enfants au soleil sans chapeau. ✗
S'exposer au soleil quand il fait très chaud. ✗
Vérifier les dates sur les médicaments. ✓
Boire de l'eau et des jus de fruits en été. ✓
Demander une explication à un docteur. ✓
Rester à l'ombre en été. ✓
Boire de l'alcool avec des médicaments. ✗
Garder les médicaments longtemps. ✗
Utiliser un médicament recommandé par un ami. ✗
Mettre une protection solaire en été. ✓
Recycler les vieux médicaments. ✓
Donner un médicament d'adulte à un enfant. ✗

Activité 2:

N'utilise pas un médicament recommandé par un ami.
Ne t'expose pas au soleil quand il fait très chaud.
Ne donne pas un médicament d'adulte à un enfant.
Ne bois pas d'alcool avec des médicaments.
N'expose pas les enfants au soleil sans chapeau.
Ne garde pas les médicaments longtemps.

Activité 3:

a) *consommer = utiliser*
b) *conserver = garder*
c) *crème solaire = protection solaire*
d) *bronzer = s'exposer au soleil*
e) *consulter = demander une explication*
f) *regarder la date = vérifier*
g) *antibiotiques = médicaments*

Activité 4:

n/a

Page d'activités 5

En forme!

Activité 1:
Pupils complete the sentences with *plus de/d'* or *moins de/d'* as appropriate.

Activité 2:
Pupils use their own judgment to decide whether the statements about food are true or false.

Activité 3:
Pupils write sentences to compare different food items.

Extension suggestion
Pupils do some research to find out more facts about healthy food and how to be healthy.

Answers

Activité 1:

a) *Pour être en forme, elle va manger moins de bonbons et de chocolat.*
b) *Pour être en forme, elle va boire plus d'eau.*
c) *Pour être en forme, elle va consommer plus de calcium.*
d) *Pour être en forme, elle va prendre plus de céréales.*
e) *Pour être en forme, elle va marcher plus d'une heure par jour.*
f) *Pour être en forme, elle va faire plus de vélo.*
g) *Pour être en forme, elle va fumer moins de cigarettes.*
h) *Pour être en forme, elle va utiliser moins de beurre et d'huile.*
i) *Pour être en forme, elle va cuisiner plus de poisson.*

Activité 2:

a) *Les fruits contiennent du sucre.* ✓
b) *Le petit-déjeuner est très important.* ✓
c) *Le lait contient plus de calcium que le fromage.* ✗
d) *Le chocolat est un stimulant.* ✓
e) *Les céréales donnent de l'énergie.* ✓
f) *Le vin rouge est dangereux pour la santé.* ✗
g) *Le miel contient des vitamines.* ✗
h) *Le beurre a moins de calories que la crème.* ✗

Activité 3:

n/a

Page d'activités 6

Tu es détective

Activité 1:
Pupils choose the correct sentences to match the picture.

Activité 2:
Pupils write a paragraph to describe a second picture.

Extension suggestion
Pupils create their own pictures for their partner to work out what information the clues are giving.

Answers

Activité 1:

a) 1	**e)** 1
b) 1	**f)** 2
c) 2	**g)** 1
d) 2	

Activité 2: Possible answer:
Cette personne est probablement une femme. Regarde le sac à main. Elle aime la mode parce qu'elle a un magazine de mode et elle aime aussi jouer au badminton. À mon avis, elle a un vélo, et elle a aussi un chat. Regarde la nourriture pour chats. Elle aime manger des biscuits, peut-être parce qu'il y a un paquet de biscuits. Elle aime aussi boire de l'eau minérale.

Page d'activités 7

Un questionnaire sur les ados

Activité 1:
Pupils tick or cross the statements that parents have given about their teenage children.

Activité 2:
Pupils tick or cross the statements that teenage children have given about their parents.

Activité 3:
Pupils write a paragraph about their own parents/guardians and about themselves.

Extension suggestion
Pupils write a 'portrait' of their parent/guardians by using the sentences in **Activité 1**, and also by making their own statements.

Answers:

Activité 1: n/a
Activité 2: n/a
Activité 3: n/a

Page d'activités 8

Ma famille

Activité 1:
Pupils time themselves to see how long it takes them to fill in the missing parts of the verbs.

Activité 2:
Pupils complete the sentences with the appropriate part of the verb.

Activité 3:
Pupils use the previous activity to describe their own family routine and some Birtish customs.

Extension suggestion
Pupils describe the 'horror family' where nobody does anything, using the structure *ne…pas*.

Answers

Activité 1:

devoir	boire
je dois	*je bois*
tu dois	*tu bois*
il/elle/on doit	*il/elle/on boit*
faire	*pouvoir*
je fais	*je peux*
tu fais	*tu peux*
il/elle/on fait	*il/elle/on peut*
aller	*vendre*
je vais	*je vends*
tu vas	*tu vends*
il/elle/on va	*il/elle/on vend*
être	*prendre*
je suis	*je prends*
tu es	*tu prends*
il/elle/on est	*il/elle/on prend*
vouloir	
je veux	
tu veux	
il/elle/on veut	

Activité 2:
a) *Ma mère <u>va</u> souvent faire les courses au supermarché, moi je n'y <u>vais</u> jamais, je déteste ça!*
b) *Après l'école, je <u>vais</u> à la maison, je <u>bois</u> un coca, je <u>prends</u> mon sac et je <u>fais</u> mes devoirs.*
c) *Ma sœur, elle <u>prend</u> souvent son sac de sport à l'école car elle <u>fait</u> de la natation à midi.*
d) *Mon frère <u>veut</u> apprendre le langage informatique parce qu'il <u>doit</u> le connaître pour travailler comme programmateur.*
e) *Je <u>suis</u> vendeur dans un magasin de vêtements et je <u>vends</u> beaucoup de survêtements de marque pour les ados.*
f) *En France on <u>boit</u> du vin rouge et on <u>fait</u> la fête très souvent!*

Activité 3:
n/a

Page d'activités 9
Une visite à Paris

Activité 1:
Pupils number the sentences in the correct order to make up a story.

Activité 2:
Pupils underline the verbs in the past tense from **Activité 1**.

Activité 3:
Pupils rewrite the story using *je*, changing the details they think are appropriate, and using some suggested time markers.

Extension suggestion
Pupils describe the past holiday of a friend (either *il* or *elle*).

Answers

Activité 1:

a) 1	**d)** 8	**g)** 2	**j)** 3
b) 5	**e)** 6	**h)** 4	
c) 10	**f)** 7	**i)** 9	

Activité 2:

a) *a voyagé*	**f)** *a mangé*
b) *a passé*	**g)** *a attendu*
c) *a aimé*	**h)** *a rencontré*
d) *a pris*	**i)** *a participé*
e) *a visité*	**j)** *a pris*

Activité 3:
n/a

Page d'activités 10
L'histoire de Mr Van der Stamp

Activité 1:
Pupils complete the sentences with the past participle of the given verb.

Activité 2:
Pupils match the sentences in **Activité 1** with the correct picture.

Activité 3:
Pupils write down the account of an imaginary woman's life.

Extension suggestion
Pupils write down the life (and death) of a group of Martians (using *ils*) who invaded their town.

Answers

Activité 1:

a) mort	**h)** monté
b) arrivé	**i)** né
c) retourné	**j)** sorti
d) tombé	**k)** venu
e) resté	**l)** descendu
f) parti	**m)** allé
g) entré	

1. i	**8.** c
2. k	**9.** h
3. b	**10.** l
4. m	**11.** f
5. e	**12.** d
6. g	**13.** a
7. j	

Activité 3:
n/a

Page d'activités 11
Voyage dans le temps

Activité 1:
Pupils highlight, with two different pens, the examples of past tense using *être* or *avoir*.

Activité 2:
Pupils number the pictures according to the story in the previous activity.

Activité 3:
Pupils reorder the sentences according to the story in **Activité 1.**

Activité 4:
Pupils complete the story of the flying saucer. The activity can be used as an extension.

Answers
Activité 1:
être verbs: *je me suis réveillé/je me suis levé/je me suis douché/ je me suis habillé/je suis sorti/je me suis approché/je suis entré/ la soucoupe s'est envolée*
avoir verbs: *j'ai regardé/j'ai vu/je n'ai pas pris/j'ai marché/ j'ai regardé/j'ai décidé/j'ai appuyé*

Activité 2:

a) 5	**d)** 4
b) 1	**e)** 6
c) 3	**f)** 2

Activité 3:

a) 3	**e)** 6
b) 5	**f)** 7
c) 2	**g)** 1
d) 4	

Activité 4:
n/a

Page d'activités 12
Loft Story

Activité 1:
Pupils match up the pictures and the verbs.

Activité 2:
Pupils complete the sentences with the appropriate verb and verb endings.

Extension suggestion
Pupils describe their daily routine at the weekend along with someone else's (brother/sister, etc…).

Answers
Activité 1:

a) 8	**g)** 6
b) 3	**h)** 9
c) 12	**i)** 4
d) 7	**j)** 5
e) 10	**k)** 1
f) 11	**l)** 2

Activité 2:
Hier matin je me suis réveillée assez tard, et je me suis levée. Comme d'habitude j'ai mangé des céréales avec du lait, et j'ai bu un verre de jus d'orange. Ensuite je me suis douchée et je me suis habillée. Après je me suis lavé les dents dans la salle de bains et je me suis maquillée et je me suis brossé les cheveux. Aziz, Steevie et Jean-Edouard ont pris le petit-déjeuner dans le jardin. Ensuite ils se sont douchés et se sont habillés. Les garcons n'aiment pas passer beaucoup de temps dans la salle de bains, mais ils se sont lavé les dents et aussi ils se sont rasés. Delphine, elle a cuisiné dans la cuisine avec Christophe, ils ont préparé un bon repas et nous avons mangé ensemble. L'après-midi nous avons mangé des gâteaux. Moi je me suis couchée très tôt parce que mon challenge consiste à surveiller les poulets de 2 heures à 7 heures du matin!

Page d'activités 13
Les vacances catastrophiques

Activité 1:
Pupils match up the questions and answers.

Activité 2:
Pupils answer comprehension questions based on the text.

Activité 3:
Pupils write down an (imaginary) account of a holiday from hell. This activity can be used as an extension.

Answers
Activité 1:

a) 2	**e)** 4
b) 3	**f)** 7
c) 6	**g)** 5
d) 8	**h)** 1

Activité 2:
a) Alicante, in Spain.
b) 2 July.
c) The flight was delayed for 12 hours.
d) Husband and children.
e) 3 hours.
f) By taxi, because the bus had left without them.
g) Went to the beach, and talked to the holiday rep about problems.
h) Two weeks.
i) One week.
j) Very small, without a swimming pool; a long way from the beach; 10 km from the village of Paloma.

Activité 3:
n/a

Page d'activités 14
Les projets de vacances

Activité 1:
Pupils categorise the time markers into past, present and future.

Activité 2:
Pupils match up the underlined text with the appropriate question.

Activité 3:
Pupils write down their own account of a past holiday and their future plans. This activity can be used as an extension.

Answers
Activité 1:
past = *l'année dernière*
present = *le soir/deux semaines/le samedi/l'après-midi/le lendemain matin/le premier jour/tous les jours/la première semaine/la dernière semaine*
future = *l'année prochaine*

Activité 2:

a) 2	**f)** 6	**k)** 12
b) 4	**g)** 7	**l)** 10
c) 1	**h)** 8	**m)** 13
d) 3	**i)** 11	**n)** 14
e) 5	**j)** 9	

Activité 3:
n/a

Page d'activités 15
Le Guinness des Records

Activité 1:
Pupils read the data and questions and identify the places that are going to be visited.

Activité 2:
Pupils write about their ideal holiday.

Extension suggestion
Pupils could do their own research and make their own article about unusual places to visit. They should demonstrate understanding and accurate use of superlatives.

Answers

Activité 1:

a) *Jukkasjärvi Ice Hotel, en Suède*
b) *Disney World, Orlando en Floride*
c) *Le 'Ryokan Hoshi', Awazu, Japon*
d) *montagnes russes Dodonpa à Fujikyu Highland Park au Japon*
e) *la Tour CN à Toronto*
f) *'Ocean Dome', à Miyazaki, Kyushu au Japon*
g) *l'hôtel Burj Al Arab, Dubai*
h) *la Pyramide Quetzalcóatl, Cholula de Rivadia, Mexico City.*

Activité 2:
n/a

Page d'activités 16

Le «Top 10»

Activité 1:
Pupils complete the sentences with *meilleur*, *meilleure* or *pire* as appropriate.

Activité 2:
Pupils agree or disagree with the previous statements.

Activité 3:
Pupils write down their own 'top 10'.

Activité 4:
Pupils compare their opinion and those of others, and justify their answers.

Extension suggestion
Pupils do a survey with their classmates then produce a summary.

Answers

Activité 1: Possible answers:

a) *À mon avis, la meilleure chanson c'est* «Petit Papa Noël».
b) *À mon avis, le meilleur film c'est* «le père Noël est une ordure».
c) *À mon avis, le meilleur plat c'est les cuisses de grenouille.*
d) *À mon avis, la meilleure musique c'est le zouk.*
e) *À mon avis, la meilleure couleur c'est l'orange.*
f) *À mon avis, le meilleur joueur de football c'est Cantona.*
g) *À mon avis, la meilleure équipe de football c'est l'Olympique de Marseille.*
h) *À mon avis, le meilleur sport c'est le rugby.*
i) *À mon avis, la meilleure émission télé c'est* «Les Guignols».
j) *À mon avis, le meilleur livre c'est* «Harry Potter et la chambre des secrets».

Activité 2:
n/a

Activité 3:
n/a

Activité 4:
n/a

Page d'activités 17

Ne prenez pas de risques!

Activité 1:
Pupils complete the puzzle, by completing the sentences.

Activité 2:
Pupils complete the text with the words given in the box.

Extension suggestion
Pupils make up their own list of handy hints for having a safe holiday. Encourage creativity in their choice of destination. Some pupils might also enjoy making up bizarre advice.

Answers

Activité 1:

2. *marche*	**7.** *route*
3. *ceinture*	**8.** *plastique*
4. *voiture*	**9.** *solaire*
5. *casque*	**10.** *genoux*
6. *panneaux*	

The final piece of advice is:
*Faites **attention** près des rivières.*

Activité 2:
Quelques suggestions pour passer de bonnes vacances, sans problèmes.
Avant de partir, achetez un guide ou une <u>carte</u> de la région. Comme ça, vous n'allez pas vous perdre. En montagne, ou à la <u>campagne</u>, écoutez la <u>météo</u> avant de partir et n'oubliez pas votre <u>crème</u> solaire. À pied, ou sur la route, <u>respectez</u> les panneaux et aussi le code de la route. En voiture, portez votre <u>ceinture</u> de sécurité et essayez de vous arrêtez <u>régulièrement</u> pour vous détendre. Si vous faites du vélo ou du skate, <u>portez</u> un casque, et ne <u>partez</u> pas seul. Finalement, n'oubliez pas que vous êtes en vacances: <u>essayez</u> de vous amuser!

Page d'activités 18

Quelle journée!

Activité 1:
Pupils complete the sentences using the pictures as prompts.

Activité 2:
Pupils write out the sentences in the correct order, and match each one with the correct picture.

Activité 3:
Pupils write a sentence about something else that went wrong that day and draw a picture to illustrate it.

Extension suggestion
Pupils make up their own picture story of a day that did not go to plan.

Answers

Activité 1:

a) 3	**e)** 2
b) 6	**f)** 5
c) 7	**g)** 1
d) 8	**h)** 4

Activité 2:

a) *Ma grand-mére a décidé de sortir. b*
b) *Il était difficile de faire mes devoirs. c*
c) *J'ai oublié d'acheter des stylos. a*
d) *Mon petit frère a refusé de jouer avec moi. d*

Activité 3:
n/a

Page d'activités 19
En France

Activité 1:
Pupils show understanding of key phrases, that can be used across topics.

Activité 2:
Pupils show understanding of specific detail by numbering the pictures in the order in which they are mentioned.

Activité 3:
Pupils adapt the texts to give information about a place they know, and what you can do there.

Extension suggestion
Pupils could prepare a short presentation, based on their text. They have to try and 'sell' their holiday destination to their partner. Encourage the higher strategies of using different time frames, and adding opinions.

Answers
Activité 1:
a) *on aime*
b) *si vous aimez*
c) *vous allez aimer*
d) *basés sur*
e) *festivals traditionnels et populaires*
f) *il est difficile de faire son choix*
g) *pour ceux qui aiment*
h) *si vous préférez*

Activité 2:
a) 6 **e)** 4
b) 3 **f)** 2
c) 1 **g)** 5
d) 8 **h)** 7

Activité 3:
n/a

Page d'activités 20
Les merveilles du monde

Activité 1:
Pupils complete the data by adding the correct word from the box.

Activité 2:
Pupils demonstrate understanding of the text by writing one fact about each place in English.

Activité 3:
Pupils do independent research to find out about other record-breaking places in the world.

Extension suggestion
Pupils could devise their own quiz on other records of the natural world.

Answers
Activité 1:
a) *Le plus grand fjord est Nordvest fjord, sur 313 kilomètres, est du Groenland.*
b) *Le volcan le plus au nord est Beerenberg, de 2276 mètres.*
c) *Le record de température la plus basse pour une région habitée: -68 °C, à Oymyakon, nord-est de la Sibérie.*
d) *Le plus grand glacier est le Lambert, environ 65 kilomètres de large sur 400 kilomètres de long.*
e) *Le lac Baïkal est le plus profond lac du monde. Ce lac atteint, par endroits, une profondeur de 1700 mètres.*
f) *Le plus petit des océans, c'est l'océan Arctique avec une superficie de 12 000 000 kilomètres carrés.*
g) *Le plus grand lac du monde? C'est la mer Caspienne, avec une superficie de 370 000 kilomètres carrés.*

Activité 2: Possible answers:
a) biggest fjord
b) most northern volcano
c) coldest inhabited place
d) biggest glacier
e) deepest lake
f) smallest ocean
g) biggest lake

Activité 3:
n/a

Page d'activités 21
L'Homme Vert!

Activité 1:
Pupils change positive statements into negative statements.

Activité 2:
Pupils use the words in the boxes to write their own advice for helping to improve the environment. They will have to change the verbs from the infinitve to the impertive form.

Activité 3:
Pupils invent their own slogan or piece of advice for helping to improve the environment.

Extension suggestion
Pupils could write their own opinions of the suggestions made. For example, *À mon avis, c'est une bonne idée de recycler les déchets. C'est bon pour l'environnement.*

Answers
Activité 1:
a) *Je ne recycle rien.*
b) *Je ne recycle rien.*
c) *Je ne mets rien dans les poubelles.*
d) *Je ne trie rien.*
e) *Je ne mets rien dans le sac jaune.*
f) *Je n'économise rien.*

Activité 2: Possible answers:
Recyclez les journaux et magazines.
Apportez les bouteilles à une colonne verte.
Mettez vos papiers dans une poubelle.
Recyclez les déchets verts, comme l'herbe.
Triez vos déchets.
Économisez de l'eau.
Économisez de l'électricité.
Prenez votre vélo.
Utilisez moins la voiture.
Ne jetez pas vos cartons.
Achetez du papier recyclé.

Activité 3:
n/a

Page d'activités 22

L'environnement en ville

Activité 1:
Pupils read the text and find the French equivalent of the phrases listed.

Activité 2:
Pupils read and match the correct ending to each sentence.

Activité 3:
Pupils prioritise features for their local area to help improve the traffic problems.

Extension suggestion
Pupils work in pairs to promote their best suggestions for improving traffic problems. They then team up with another pair of students and try to convince their partners that they have the best ideas.

Answers

Activité 1:

a) cycle tracks = *des pistes cyclables*
b) parking = *le stationnement*
c) bus lanes = *des couloirs de bus*
d) car parks = *des parkings*
e) traffic = *la circulation*
f) pedestrian zone = *une zone piétonne*

Activité 2:

a) *Chez nous on a l'intention de transformer le centre-ville en zone piétonne.*
b) *À mon avis, c'est une bonne idée de limiter la circulation.*
c) *À mon avis, ce n'est pas une bonne idée parce qu' il n'y a pas assez de parkings pour les touristes. Il faut développer plus de parkings.*
d) *Je voudrais bien utiliser les pistes cyclables parce que j'aime faire du vélo.*
e) *Je n'aime pas les couloirs de bus parce que ça crée des problèmes avec la circulation des voitures.*
f) *Les parkings à l'extérieur de la ville, c'est une bonne idée parce que ce n'est pas cher, d'acheter un billet d'autobus, et on ne doit pas trouver un parking en centre-ville.*

Activité 3:
n/a

Page d'activités 23

Le nouveau centre commercial

Activité 1:
Pupils categorise the phrases in the correct box – *pour* or *contre*.

Activité 2:
Pupils confirm understanding by writing the letter of each phrase next to the correct picture.

Activité 3:
Pupils write a short paragraph, adapting the phrases from **Activité 1**, to propose a new building or attraction.

Extension suggestion
Pupils work in pairs to propose their new attraction and to agree or disagree, using *je suis pour/je suis contre* and justifying their reaction.

Answers

Activité 1:

Pour:

a) *Il n'y a rien dans mon village. Alors, ça va être beaucoup mieux.*
c) *Ça va être positif pour l'économie.*
d) *Beaucoup de personnes vont trouver du travail.*
f) *Ça va être positif pour la région.*
j) *On va avoir plus de choix dans les magasins.*

Contre:

b) *On va détruire des maisons. C'est dommage.*
e) *Ça va créer des problèmes pour les petits magasins dans les villages près du centre commercial.*
g) *Il y a déjà trop de magasins.*
h) *Ça va créer beaucoup de problèmes de circulation: trop de voitures.*
i) *Les champs et les arbres vont disparaître. C'est mauvais pour le paysage.*

Activité 2:

1. c	**6.** f
2. h	**7.** a
3. g	**8.** e
4. d	**9.** b
5. i	**10.** j

Activité 3:
n/a

Page d'activités 24

La vie des handicapés

Activité 1:
Pupils read statements and match them to the correct illustration.

Activité 2:
Pupils read the statements and decide where each improvement is most likely to have taken place.

Activité 3:
Pupils write a short paragraph about the improvements that have, or have not been made in their town or area.

Extension suggestion
Pupils could write and illustrate a simple article, as in **Activité 1**, for the rail company, using the phrases from **Activité 2**.

Answers

Activité 1:

a) 4	**d)** 1
b) 3	**e)** 2
c) 5	

Activité 2:
À la maison: b, c, e, h, i
Dans les trains: d, f, g, h
À l'école: a, b, c, h, i, j

Activité 3:
n/a

Page d'activités 25

Tu sais l'heure?

Activité 1:
Pupils find and write out the numbers that are hidden in the word snake.

Activité 2:
Pupils complete the number sequences.

Activité 3:
Pupils unjumble the times and match them to the clocks.

Activité 4:
Pupils read the extracts and sequence the events in the correct order.

Extension suggestion
Pupils could make a number puzzle to help them remember the numbers they find the most difficult, e.g a wordsearch or unjumbling words.

Answers

Activité 1:

cinq	*trente-cinq*
dix	*quarante*
quinze	*quarante-cinq*
vingt	*cinquante*
vingt-cinq	*cinquante-cinq*
trente	*soixante*

Activité 2:

a) *quinze*	**e)** *quarante-cinq*
b) *seize*	**f)** *quarante-deux*
c) *dix-huit*	**g)** *soixante*
d) *vingt-six*	**h)** *vingt-cinq*

Activité 3:
1. *Il est quinze heures quarante-cinq* = b
2. *Il est dix-sept heures vingt* = d
3. *Il est quinze heures quinze* = a
4. *Il est dix-huit heures cinquante-cinq* = f

Activité 4:
1. *Je vais au café à onze heures et quart.*
2. *Je vais retrouver mes copains en ville à une heure et quart.*
3. *Je vais chez le médecin à treize heures vingt-cinq.*
4. *Je vais chez le dentiste à deux heures et demie.*
5. *Je vais aller chez mon frère à quatorze heures quarante.*
6. *On va aller au cinéma à trois heures.*
7. *Nous allons à la piscine à dix-sept heures quinze.*
8. *Je dois rentrer chez moi à cinq heures vingt.*
9. *Je vais prendre le bus à dix-huit heures trente.*
10. *Je vais faire mes devoirs à vingt-deux heures.*

Page d'activités 26

Mon émission préférée...

Activité 1:
Pupils read the text and find the answers to the questions listed.

Activité 2:
Pupils adapt the text to write about their own favourite TV programme.

Extension suggestion
Pupils could write a description of a TV programme, without the title. Use these for a display; pupils have to correctly name the programmes.

Answers

Activité 1:
a) *Elle s'appelle Angel.*
b) *C'est une série américaine.*
c) *Il s'agit des aventures d'un vampire, Angel.*
e) *Il est sombre, sérieux et puissant.*
d) *J'aime cette émission parce que David Boreanaz qui joue Angel est très beau. Il a des aventures passionnantes et dangereuses.*

Activité 2:
n/a

Page d'activités 27

Fait ou opinion?

Activité 1:
Pupils match up the two halves of the sentences.

Activité 2:
Pupils read the statements and decide if they are fact or opinion.

Activité 3:
Pupils write a paragraph about the *Matrix Revolutions*, based on the notes given.

Activité 4:
Pupils write a paragraph about a film of their choice.

Answers

Activité 1:

a) 3	**d)** 1
b) 6	**e)** 2
c) 5	**f)** 4

Activité 2:
Fact: a, b, e, f. **Opinion:** c, d, g, h

Activité 3:
n/a

Activité 4:
n/a

Page d'activités 28

C'est qui?

Activité 1:
Pupils unjumble sentences to find out information about Elijah Wood.

Activité 2:
Pupils complete the description by putting in the missing words.

Activité 3:
Pupils write a description of their favourite TV, film or book character.

Extension suggestion
Pupils exchange their text with a partner. They read and check their partner's work, following agreed criteria, e.g. accuracy, variety of language, use of opinions. They can then amend their work in the light of their partner's comments, if they wish.

Answers

Activité 1:
a) *Il a les cheveux châtains.*
b) *Il a les yeux bleus.*
c) *Il mesure 1 m 68.*
d) *Il est né le 28 juin 1981.*
e) *Il a une sœur et un frère.*
f) *Il habite à Los Angeles.*
g) *Il est né à Cedar Wood Iowa.*
h) *Il a participé à plus de douze films.*

i) *Il a joué le rôle de Frodon dans le film «Le seigneur des anneaux».*

Activité 2:

1. *actrice*	**6.** *grande*	**11.** *ans*
2. *belle*	**7.** *cheveux*	**12.** *rôle*
3. *talent*	**8.** *bruns*	**13.** *joué*
4. *née*	**9.** *sœur*	**14.** *film*
5. *août*	**10.** *trois*	**15.** *joue*

Activité 3:
n/a

Page d'activités 29
Mes réactions

Activité 1:
Pupils follow the lines to match the symbols with the phrases.

Activité 2:
Pupils write the phrases underneath the correct picture.

Activité 3:
Pupils invent symbols for the words in **Activité 2**.

Extension suggestion
Pupils write a short story, using 'emoticons' to illustrate emotions and descriptions.

Answers
Activité 1:

a) *je suis content*	**f)** *je suis très content*
b) *je porte des lunettes*	**g)** *je suis indifférent*
c) *je ris*	**h)** *une réaction ironique*
d) *je suis étonné*	**i)** *uh-oh, il y a un problème!*
e) *je suis triste ou fâché*	**j)** *un clin d'œil*

Activité 2:

a) *je suis déçu*	**f)** *elle est anxieuse*
b) *elle est choquée*	**g)** *il est dégoûté*
c) *je suis gêné*	**h)** *tu es ennuyé?*
d) *il est fâché*	**i)** *je suis effrayée*
e) *je suis timide*	**j)** *je suis triste*

Activité 3:
n/a

Page d'activités 30
Au cinéma

Activité 1:
Pupils categorise the phrases depending on where or when they would say them. They then think of one more thing to say in each situation.

Activité 2:
Pupils write the questions that would elicit the answers given.

Activité 3:
Pupils write their own answers to the questions.

Extension suggestion
Pupils could carry out a survey in the class, and use ICT to present the results.

Answers
Activité 1:
Au téléphone: tu invites ton ami: *c, f, i, k*
Au cinéma: tu achètes ton billet: *b, d, h, m*
Au kiosque: tu achètes des bonbons: *a, g, j, o*
Après le film: tu donnes ton opinion: *e, l, n, p*

Activité 2: Possible answers:
a) *Quel est ton acteur préféré?*
b) *Quelle sorte de film préfères-tu?*
c) *Tu aimes aller au cinéma avec qui?*
d) *Tu vas souvent au cinéma?*
e) *Quel est le dernier film que tu as vu?*

Activité 3:
n/a

Page d'activités 31
Une critique

Activité 1:
Pupils read the texts and answer the questions.

Activité 2:
Pupils read the opinions and match them to the correct review.

Activité 3:
Pupils summarise one of the reviews in English.

Activité 4:
Pupils write their own review of a film, book or TV programme.

Extension suggestion
In pairs or groups, pupils could create their own review page, collating three or four different reviews.

Answers
Activité 1:

a) *Homer*	**f)** *Bart*
b) *Lyra*	**g)** *Homer et Marge*
c) *Maggie*	**h)** *Lyra*
d) *Roger*	**i)** *Philip Pullman*
e) *Lisa*	**j)** *Lisa*

Activité 2:
text B

Activité 3:
n/a

Activité 4:
n/a

Page d'activités 32
La Nouvelle-Calédonie

Activité 1:
Pupils tick or cross the statements about *la Nouvelle-Calédonie.*

Activité 2:
Pupils do some research to find out more facts about *la Nouvelle-Calédonie* then write them down, in French.

Answers
Activité 1:

a)	*La Nouvelle-Calédonie* was discovered by James Cook.	☑
b)	It derives its name from Ireland.	☒
c)	It is a collection of islands.	☑
d)	*La Nouvelle-Calédonie* is in the Atlantic Ocean.	☒
e)	It is more than 10 000 kilometres away from France.	☑

f)	It has five main islands.	☑
g)	The population is mainly European.	☒
h)	French is the second language after 'canaque'.	☒
i)	There are three seasons.	☑
j)	Temperatures can go well below 20 °C.	☒
k)	There are 12 French territories.	☑
l)	The capital of *La Nouvelle-Calédonie* is called *Mont Panié*.	☒

Activité 2:
n/a

Page d'activités 33

La Polynésie française

Activité 1:
Pupils tick or cross the statements about *la Polynésie*.

Activité 2:
Pupils do some research about *la Polynésie* and write the facts in English.

Activité 3:
Pupils make a comparison between *la Nouvelle-Calédonie* and *la Polynésie* and decide which one they prefer.

Note: Pupils should have studied *Page d'activités 32* before they attempt this question.

Answers

Activité 1:

a)	Tahiti is one of the main islands.	☒
b)	There are six archipelagos.	☒
c)	It is located in the Pacific Ocean, over 20 000 kilometres from France.	☒
d)	The area covered by the islands is as big as Europe.	☑
e)	It is mainly populated by Polynesians.	☑
f)	It has given inspiration to a variety of artists.	☑
g)	The temperatures do not vary much between the two seasons.	☑
h)	It gets a lot of sun all year round.	☑
i)	The area is famous for its wild and gorgeous flora.	☑
j)	The islands were discovered by various explorers.	☑
k)	It took nearly three centuries for the islands to officially become a French territory.	☑

Activité 2:
n/a

Activité 3:
n/a

